DE L'ÉPURATION

ET DE LA RECOMPOSITION

DE LA

MAGISTRATURE EN FRANCE.

DE L'ÉPURATION

ET DE LA RECOMPOSITION

DE LA

MAGISTRATURE EN FRANCE;

PAR C. L. D'AYZAC,

Juge en la Cour de justice criminelle d'Aix, auteur de plusieurs ouvrages sur la Législation et les Finances.

« La grande maxime, ou, pour mieux
» parler, le grand abus de la science
» du monde, est de taire les vérités
» désagréables à ceux à qui il serait
» utile et important de les savoir. »

BOURDALOUE.

A PARIS,

CHEZ LE NORMANT, IMPRIMEUR-LIBRAIRE,

RUE DES PRÊTRES SAINT-GERMAIN-L'AUXERROIS.

1807.

DE L'ÉPURATION

ET DE LA RECOMPOSITION

DE LA

MAGISTRATURE EN FRANCE.

———

L'EXPÉRIENCE et l'opinion générale se sont, depuis long-temps, prononcées contre ces deux questions :

Faut-il rétablir les parlemens ?

Faut-il maintenir la procédure par jurés ?

Ni les uns ni les autres ne sont compatibles avec l'ordre actuel des choses. Malheureusement personne n'ignore que si les jurés ont commis trop de bévues, les parlemens, abusant d'un pouvoir usurpé, et poussés par l'intérêt privé, par l'ambition et l'orgueil qui perdent tout, avaient eu la maladresse de préparer le bouleversement de l'Etat. Les jurés et les parlemens ont été, presqu'au même degré, funestes, les uns au monarque, les autres aux sujets.

Il ne faut donc ni des uns ni des autres.

Le héros de la France ne ressemblant à rien de ce qui l'a précédé, et son Gouvernement devant en tout éclairer les siècles futurs, l'ordre judiciaire, le seul qui puisse assurer le bonheur des sujets, ne doit, par là même raison, être *rien de ce qui a été avant la révolution, rien de ce qui a été pendant la révolution, rien de ce qui existe.* — Il faut donc, non pas seulement de nouveaux élémens pour composer la magistrature, mais encore un mode nouveau d'administration de cette partie de la justice qui tient à la sûreté publique, et par conséquent à la constitution de l'Etat.

L'ancienne magistrature réunissait, en général, les lumières à la probité. Le magistrat, soumis à la censure particulière de ses collègues, guidé, contenu par l'exemple de leurs mœurs, était sans cesse rappelé au sentiment de sa dignité, ou forcé de s'exclure. Et si dans les Tribunaux modernes, plusieurs membres ont dégradé leur ministère par des turpitudes, c'est peut-être parce que leur élévation avait été l'œuvre de l'intrigue, au lieu d'être le résultat du choix et de la présentation des compagnies.

Qu'on suppose, a dit quelqu'un, un corps de magistrature entièrement composé d'hommes immoraux ou d'ignorans; s'ils ont à proposer un candidat pour une place vacante, ils présenteront le plus digne, dans la crainte de se déshonorer : tant le sentiment de l'estime de soi est cher, même au plus vil des hommes!

Qu'il soit donc enfin procédé à l'épuration prescrite par le Sénatus-Consulte du 12 octobre: elle est, depuis trop long-temps, urgente, indispensable.

Mais à quoi servirait-elle, s'il n'est, en même temps, établi un mode *réellement* préservatif pour l'avenir?

Et où est-il ce mode? — Dans le Sénatus-Consulte? — Je ne le pense pas.

La vérité, cette régulatrice suprême des mœurs, la vérité est si impérieuse, si nécessaire à l'homme, qu'il est forcé de la respecter et de l'aimer, même lorsqu'il la craint. Mais si plusieurs souverains ont aimé de l'entendre, il en est bien peu qui en aient sérieusement pris les moyens. Ce soin encore était réservé à celui dont le Gouvernement est la censure vivante de tous les Gouvernemens passés, la leçon éternelle de ceux à venir; à celui qui n'entend partout que des éloges d'autant plus doux pour lui qu'ils sont plus libres; qui jouit du fruit de sa réputation. (1)

Il faut donc la lui dire, et sur-tout la lui dire *toute entière*.

Pour ne plus être exposée aux erreurs, aux surprises, Sa Majesté Impériale veut chercher contre elle une garantie dans une modification à la puissance dont elle est investie.

Qu'elle soumette donc le noyau, quel qu'il soit, qui aura survécu à l'épuration, à lui présenter une liste de candidats pour chaque place. — Et que, pour cette présentation, *s'il n'y a pas unanimité de suffrages*, les votans soient tenus de motiver leurs opinions, pour être soumises à l'examen de Sa Majesté.

C'est le moyen, le seul moyen de s'assurer de la moralité des candidats, et d'ôter tout pouvoir à la faveur et à l'intrigue.

Que Sa Majesté soumette chaque candidat à un examen préalable, par une commission temporaire qu'elle nommera, qui procédera dans un autre département, et qui, tenue de rendre compte du motif de ses opérations, sera par-là même responsable, à l'opinion et au souverain, de la capacité de l'élu.

Sans doute plusieurs ne voudront point s'ex-

---

(1). *Fruebatur famâ suâ.* Tacit.

poser à cette épreuve : l'ignorance s'exclura elle-même ; et voilà l'un des inconvéniens écarté.

La censure préservera de l'autre.

L'espèce de responsabilité que les présentans contracteront, du moins pour les mœurs du présenté, sera, pour les mœurs, une garantie que la censure pourra fortifier.

Oui, *la censure*. Elle existait chez les Romains. Les vieillards chez les Perses, les Ephores à Sparte, les gardiens des mœurs à Athènes, les envoyés royaux sous *Charlemagne*, les chefs de communauté sous *Alfred*, furent l'effroi des méchans ; et aujourd'hui même, à la Chine, des milliers de Mandarins, soumis eux-mêmes à la grande censure des envoyés impériaux, veillent, non-seulement sur les crimes, mais encore plus *sur les vices qui conduisent aux crimes*.

Pourquoi donc la censure serait-elle redoutable pour le magistrat français, pour le magistrat dont le nom, s'il est digne de sa place, doit être désormais le synonyme de *vertu* ?

Et où serait le mal lorsque l'immoralité, se rendant elle-même justice, préférerait encore sa retraite à l'humiliation de la censure ?

Ne serait-ce pas le moyen le plus simple,

peut-être le plus solide, de maintenir pour toujours la probité dans les Tribunaux ?

L'Empereur voulant le bien, le voulant for-
tement, que faut-il donc pour faciliter, pour
accélérer le bien ?

Je vais mêler mes idées avec celles d'un
écrivain qui, sous l'ancien régime, osa dire
de grandes vérités, mais n'eut pas le courage
de se nommer. Les temps n'étaient pas mûrs.
Dieu n'avait pas encore donné à la France un
monarque digne d'elle, digne d'entendre l'aus-
tère vérité, non pas *celle qui flatte*, mais *celle
qui éclaire et qui reprend*; un monarque enfin
qui sût réprimer toutes les passions, punir
avec force, récompenser avec magnificence.

Il faut,

1°. *Une bonne éducation publique*; non pas
celle d'*Emile*, mais celle qui résultera des idées
de *Locke*, de *Fénélon*, de *Montagne*, de *Plu-
tarque*, de *Xénophon*, de *Platon*; celle où l'on
apprendra les choses avant les langues, souvent
fort inutiles à ceux qui les apprennent; celle qui,
au lieu d'être la même pour tous, séparant les
classes selon les besoins de l'Etat, formera, par
des exercices appropriés, des sujets pour les
arts, pour le commerce, pour la guerre, pour
la jurisprudence, pour les négociations, pour

les autels ; celle qui inculquera indistinctement à tous les principes de la justice, de l'humanité, de l'hospitalité, de l'économie, de la sobriété, de l'obéissance, de la patience, du courage, seule vraie et belle éducation; celle enfin où il n'y aura rien de commun que la religion et la pratique des vertus.

Pourquoi dans l'éducation, telle qu'elle a été jusqu'à ce jour, on n'a vu que quelques adolescens heureusement nés, tout promettre et ne rien tenir en marchant à la virilité ? C'est que dans le dernier siècle, s'il s'élevoit quelques vertus, elles étaient ordinairement sans considération, sans récompense, et périssaient sans se reproduire ; c'est que l'on négligea trop long-temps de soutenir l'homme dans le chemin escarpé de la vertu. L'art de le former consiste-t-il seulement dans les bonnes institutions, et n'a-t-on pas mille fois éprouvé que les fruits qui en naissent se corrompent bientôt, s'ils ne sont conservés par les soins perpétuels du Gouvernement, et sur-tout par la censure ? — *Charlemagne* fut un grand conquérant. Je l'oublie, pour me souvenir seulement qu'il donna des mœurs à sa nation. Son fils, qui ne sut être vertueux que pour lui-même, les laissa perdre.

2º. *Fortifier l'autorité paternelle*, la première,

la plus sacrée de toutes, qui vient de Dieu; qui gouverna les premiers hommes avant qu'il y eût des rois; qui fut, il y a tant de siècles, la base et le modèle du Gouvernement Chinois, lorsque le reste de la terre était livré au caprice des tyrans.

C'est elle que *Romulus* mit à la tête de ses lois. Il lui accorda trop sans doute; mais les nôtres ne lui accordent peut-être pas assez. Je permettrais au père tout ce que lui permettaient les lois romaines, excepté la *vente* et la *mort*. Quand on pense que c'est un père qui punit, on doit peu craindre les excès du châtiment.

Romulus étendit trop la durée de l'autorité paternelle. Elle s'exerçait à quelqu'âge, à quelque dignité que les enfans fussent parvenus. L'âge de 21 ans en doit être le terme. Quand un enfant, jusqu'à ce temps, a été bien morigéné, s'il s'échappe, il tombe dans la puissance des lois. Mais aussi le père, revêtu d'un si grand pouvoir, doit, à l'exemple de la Chine, être responsable de la conduite de ses enfans, sous peine d'être puni du résultat de leurs mauvaises mœurs. La loi suppose que s'il avait bien élevé son fils, le crime ne serait pas arrivé.— Eh, combien de magistrats, en France, dont la conduite immorale et les folles dissipations de leur fortune et de celle d'autrui, ont autorisé, occasionné peut-être la dépravation de leurs enfans : dépravation funeste à l'humanité ; affligeante pour le souverain trompé, flétrissante pour le corps entier de la magistrature, et qui n'en est que plus honteuse pour le père, par son élévation à des fonctions pour lesquelles il n'était pas né !

3°. *Rétablir l'autorité maritale.* Sous les premières lois de Rome, une femme coupable n'avait point d'autre juge que son mari, qui assemblait les proches de la femme, et jugeait la faute avec eux. Aussi, jusqu'après la première guerre punique, aucune plainte contre les femmes, nul procès d'adultère, pas même de divorce. *Spurius Carvilius,* demandant à répudier la sienne, étonna, scandalisa le public. Athènes avait un magistrat particulier qui veillait sur la conduite des femmes. Le vrai magistrat, le magistrat de la nature, c'est le mari. Un philosophe du dernier siècle, à qui on a reproché bien des paradoxes, y a mêlé bien des vérités sur lesquelles nous fermons les yeux. « Le sexe, a-t-il dit, hors d'état de » prendre notre manière de vivre, trop pénible » pour lui, nous force de prendre la sienne, » trop molle pour nous. » — Ce renversement d'ordre, cet ascendant d'un sexe fait pour être conduit, commence dans les familles, et s'étend dans le public qu'il corrompt. Ce sont les femmes qui font les réputations des hommes. De là, dans ce qu'on appelle *bonne compagnie*, tant de gens aimables, et si peu d'honnêtes gens. L'Asie a des harem où les femmes sont nécessairement dans l'ordre Nous les laissons dans la société : qu'elles y restent; mais *appliquées*, mais *contenues*, mais *décentes* : oui, *décentes*. Eh ! ne paraissent - elles pas avoir oublié qu'elles doivent être les gardiennes des mœurs et les liens de la paix ? Il faut donc que l'autorité les ramène. Une femme éclairée sans cesse par les yeux d'un mari qu'elle force à devenir maître, et qui peut la punir, tâchera de gagner son cœur en se renfermant dans le sein de sa famille; et alors l'éducation des enfans, le service domestique, l'économie, la concorde, le bien commun, tout prospérera.

4°. *Etablir une censure civile*, pour donner des mœurs aux chefs de famille, à tant d'*honnêtes gens* qui ne sont pas *gens de bien*.

Dans une ville, telle que soit sa population, (le nombre ne doit point effrayer), un numéro seroit affiché à chaque maison, avec le tableau de ses habitans et leur profession, s'ils en ont une. Combien de gens, d'abord, rougiroient de n'en point avoir ! On veut bien être

inutile à l'État, mais on craint d'être connu
pour tel.

Sur dix maisons, j'établirais un censeur; et
les dix censeurs les plus voisins formeraient un
tribunal qui connaîtrait des vertus et des vices;
mais les censeurs eux-mêmes, divisés par cen-
taines, auraient des surveillans qui ressortiraient
à un tribunal suprême.

Cet ordre de censure serait distingué des tribunaux de justice. Il ne connaîtrait ni des pro-
priétés dans le civil, ni des délits dans le criminel. Il aurait pour objet les vices que la justice ne punit pas, et les vertus qu'elle laisse
sans récompense. Il est vrai que la censure,
bien exercée, préviendrait beaucoup de procès, beaucoup de crimes, et qu'il faudrait peut-
être renverser les échafauds : c'est ce que la
justice doit souhaiter le plus.

Cet ordre de censure serait également distingué du ministère politique. La guerre, la
marine, les négociations, les finances, conser-
veraient, si l'on veut, leur constitution. Mais
toutes ces grandes branches du Gouvernement
seraient bien plus florissantes, si la nation avait
des mœurs.

Cet ordre de censure aurait des objets tout
différens de ceux de la police. Que demande-
t-on à la police ? Si la fange n'empêche pas le

commerce d'un quartier à l'autre ; si le peuple est moins écrasé que de coutume par les équipages des riches ; si les nuits sont éclairées ; si les lieux de débauche sont paisibles ; si les tumultes populaires sont rares, les vols, les meurtres, les assassinats moins fréquens, on la loue avec justice de son administration. Mais qu'il y a loin de cet état à celui des bonnes mœurs ! Avec cette police, la corruption peut infecter toutes les maisons, et se montrer dans le public.

La censure, sous différentes dénominations, eut le secret de l'arrêter dans tous les Gouvernemens qui cherchèrent la vertu ; et ces Gouvernemens je les ai désignés.

Voudra-t-on actuellement exercer le pouvoir de la censure dans la *magistrature judiciaire*, par exemple ? Rien de plus aisé.

Aujourd'hui que les prérogatives, les titres, les dignités, les honneurs ne font plus un rempart dans le vice pour la postérité de celui qui a su les mériter ; aujourd'hui qu'il n'est plus établi, comme autrefois, de faire couler la noblesse avec le sang, quelque corrompu qu'il fût, on peut accorder une sorte de noblesse à la magistrature, mais en même temps établir le remède de la Chine, où la noblesse est *purement personnelle*, et de plus *amissible*.

On sent que de cette position, peuvent naître, avec l'émulation, des mœurs et du savoir, qui forceront le respect, toutes les autres vertus sociales, l'humanité en particulier.

Pourquoi, dans notre ancienne France, la ci-devant noblesse traitait-elle le peuple avec tant de hauteur et de dureté? C'est qu'un noble n'était jamais confondu avec lui.

Pourquoi les Chinois, les Turcs, sont-ils généralement plus humains, plus hospitaliers que nous? C'est que, dans ces pays, le cèdre peut se changer en hysope. Chacun se dit à soi-même : *Je puis être demain ce qu'est aujourd'hui le malheureux que j'assiste.* — Sans doute, il était jadis plus commode d'être noble, sans être vertueux.

On sait, il est vrai, que des nations sages ont mis dans leur constitution une noblesse héréditaire. Il y avait à Rome des *chevaliers* et des *patriciens;* mais Rome, qui voulait aussi la noblesse de l'ame, les soumit à la censure. Quand les censeurs faisaient la revue des mœurs, la vertu seule était tranquille à l'aspect de leur tribunal. *Scipion Nasica* et *M. Popilius*, en censurant l'Ordre Equestre, dégradèrent plusieurs chevaliers dont la mollesse scandalisait une nation qui voulait arriver à la gloire par les travaux. La dégradation fut entière; ils ne leur laissèrent d'autres droits de citoyens que celui de payer les tributs. Si la conduite d'un chevalier ne méritait pas un châtiment si sévère, les censeurs se contentaient de lui ôter le cheval que la république lui entretenait. La honte d'être repris publiquement était la plus grande peine. Nulle place, nul rang, nulle dignité ne pouvait se soustraire à la censure. Le tribun *Duronius*, trop livré aux plaisirs de la table, s'opposa à une loi de frugalité; il fut chassé du sénat. Huit autres sénateurs subirent le même sort sous la censure de *Fabius*, pour avoir proposé d'abandonner l'Italie, après la malheureuse journée de Cannes. *Fabius* ne crut pas que des lâches dussent rester à la tête d'un peuple courageux. Le consulat, la dictature même, ne mettaient pas à couvert de l'animadversion des censeurs. *Fabricius* retrancha du sénat *Cornelius Rufinus*, qui avait été deux fois consul et une fois dictateur, parce qu'il avait une vaisselle d'argent du poids de dix livres : c'était un exemple de luxe dans un temps où la pauvreté était la mère des vertus.

Parmi nous, l'institution de la Légion-d'Honneur a établi une véritable noblesse personnelle. Que cet ordre de décoration, ou tel autre, soit donc, non pas affecté exclusivement et indistinctement aux chefs des tribunaux (on

pourrait

pourrait être trompé dans la distribution), mais la récompense de tout magistrat qui l'aura méritée par ses services, son savoir et ses mœurs.

Veut-on d'autres détails des moyens d'exercer la censure sur la magistrature ? Voyons d'abord, chez de grandes nations, les moyens généraux que l'histoire nous a transmis.

Chez les peuples vertueux dont j'ai parlé, en même temps qu'on voit le Gouvernement sans cesse occupé à récompenser et à punir, on aperçoit sa marche pour placer, sans embarras, la punition et la récompense : c'est par la division et les sous-divisions de la grande société en petits corps dont chacun avait ses surveillans.

Diodore nous dit qu'en Egypte tous les citoyens, inscrits sur un registre, étaient à la garde les uns des autres, et que tout le corps de l'Etat, par une juste distribution, était uni contre les méchans.

Les Perses, sous *Cambyse*, étaient partagés en douze tribus. Chaque tribu avait son président, chaque peloton d'hommes son inspecteur; et *Cyrus*, après ses conquêtes, étendant ce plan, parvint à maintenir les mœurs dans sa vaste monarchie.

Tout le peuple romain était sous-divisé en curies ou centuries; en sorte que chaque cen-

B

taine d'hommes, malgré le grand accroisse-
ment de la nation dans les beaux temps de la
république, avait un centurion qui voyait faci-
lement ce qui méritait punition ou récompense.

Charlemagne, qui recueillit les débris cor-
rompus de l'Empire romain, sentit la nécessité
de diviser un si grand peuple en un grand
nombre de légations ou districts, qu'il multiplia
dans la proportion convenable au bon ordre
qu'il voulait établir. Ces légations, avant lui,
étaient confiées à un seul duc. Il prévit qu'un
magistrat unique à la tête de chaque province,
négligerait ses devoirs, ou abuserait de son
autorité. Il partagea l'administration entre plusieurs comtes, pour la rendre plus facile et plus
exacte. Il fit plus : des officiers choisis dans
l'ordre des prélats et dans celui de la noblesse,
qu'on nomma *envoyés royaux*, furent chargés
de visiter chaque légation de trois mois en trois
mois, pour rendre compte au prince du bien
et du mal. Dans cette constitution, les mœurs
des particuliers ne pouvaient guère échapper
à la magistrature, *et les magistrats étaient
observés*. Si *Charlemagne* n'eut pas un succès
entier, c'est qu'il ne prit qu'une partie du
plan.

Alfred poussa plus loin la division de ses

sujets, pour les mettre dans la règle. La nation fut distribuée en comtés; les comtés, en tribus de cent hommes avec leurs familles; et chaque chef de famille répondait de la conduite de ses enfans, de ses domestiques, et même de ses hôtes. Les dix chefs les plus voisins formaient une espèce de communauté dont les membres répondaient aussi l'un pour l'autre. Ainsi, chaque individu se trouvait obligé, par son propre intérêt, de veiller sur la conduite de ses voisins, et il garantissait, en quelque sorte, la probité de ses communiers. — C'est ainsi que, dans une armée de cent, de deux cent mille hommes, en la divisant d'abord en brigades, les brigades en régimens; les régimens en bataillons, les bataillons en compagnies; chaque corps, grand ou petit, ayant à sa tête des officiers vigilans, et subordonnés les uns aux autres, on vient à bout, malgré la licence des armes, d'établir une discipline qui, aux yeux des bons juges, fait plus d'honneur à un général qu'une victoire, parce qu'elle est elle-même la source des victoires.

Il en est de l'établissement des mœurs comme de la culture des terres. Donnez de grandes terres à un seul, il n'en cultivera que la portion qui rendra le plus aux moindres frais. Partagez-les à mille citoyens, tout sera cultivé, tout produira. De même il faut distribuer les grandes sociétés politiques en tant de petits corps, que chacun sente la main du Gouvernement par un préposé immédiat, et on formera d'honnêtes gens. Nos divisions en arrondissemens, en départemens, en provinces, si l'on veut, ne sont que géographiques, fiscales, militaires. Je ne vois rien là pour les mœurs. Les justices de paix, qui paraissent en approcher, qu'opèrent-elles en cette partie ? Rien. Partout sans prendre connaissance des vertus, on punit, plus ou moins attentivement les crimes; mais les vices subsistent.

A Rome, dans l'*Elogium*, ou *Subscriptio censoriæ*, que le censeur prenait sur la simple déclaration d'un seul citoyen, ou sur sa connaissance particulière, on spécifiait le motif de la *note*; mais un censeur pouvait empêcher un autre censeur d'infliger une note, et ils pouvaient se noter réciproquement.

Cessons de nous étonner des vertus de la Chine et des vices de l'Europe. La Chine, persuadée que les mœurs tiennent intimement à l'instruction, n'ouvre point d'autre chemin aux places, aux dignités que les lettres. C'est de l'ordre des lettrés, cet ordre qui a si peu d'importance ailleurs, qu'on tire tous les officiers de justice et de police, tous les gouver-

neurs et les ministres. C'est donc une affaire
capitale de le bien composer. Un grand Mandarin, sorti lui-même de ce berceau, assemble
dans chaque ville de sa province tous les
bacheliers, qu'il divise en six classes, toutes
examinées rigoureusement sur les institutions
de l'Empire et sur les mœurs. La première et
la seconde reçoivent des récompenses. La troi-
sième n'est ni récompensée ni punie. On punit
la quatrième et la cinquième, par manière
de correction, parce qu'on espère encore quelque chose d'elles. La dernière est rejetée au
rang du peuple. Ce peuple obéirait mal à des
gens sans capacité et sans mœurs. Les officiers
publics sont fort multipliés, afin que chacun
n'ait pas plus de charge qu'il n'en peut porter.
Neuf ordres de Mandarins, subordonnés les
uns aux autres, se partagent la police générale : deux mille quatre cents à la cour, vingt-
deux mille dans les provinces. Chaque Mandarin supérieur veille à la conduite de ses in-
férieurs, et il envoie des notes à la cour : *C'est
un homme dur, capricieux, inégal, orgueilleux,
téméraire, passionné, avide d'argent, injuste ;*
ou bien : *c'est un homme intègre, ferme sans
dureté, bienfaisant, possédant l'art du Gouvernement.* — Ces notes arrivées à Pékin, le
tribunal suprême marque les récompenses et

le châtiment. Ce n'est pas tout : l'Empereur envoie secrètement dans les provinces des censeurs qui se glissent dans les tribunaux pendant l'audience du Mandarin, ou qui, par les informations qu'ils tirent du peuple, s'éclaircissent adroitement de l'administration. S'ils découvrent de l'irrégularité dans la conduite des officiers, ils font voir aussitôt les marques de leur dignité, se déclarent les envoyés de l'Empereur, et punissent le coupable. Ces censeurs, qui se couvrent de la nuit du mystère, sont toujours crus présens.

En Europe, si, jusqu'au dix-neuvième siècle, on a puni le crime, ce n'a guère été que dans le peuple. Le Gouvernement chinois frappe également sur toutes les têtes. L'Empereur *Kang-hi*, qui régnait encore en 1727, visitant ses provinces, vit sur la rue un vieillard qui pleurait : *Qu'as-tu ?* lui dit-il. — *J'avais un fils, la consolation de ma vieillesse; un Mandarin me l'a enlevé.* L'Empereur le prend en croupe, va chez le Mandarin, lui fait faire son procès sur-le-champ, lui fait trancher la tête, et donne sa place au vieillard, en lui disant : *Prends garde à ne rien faire qui puisse te mettre dans le cas de servir d'exemple à ton tour !*

En Europe, si, jusqu'au dix-neuvième siècle, on s'est enfin résolu à punir un homme en place, il a semblé que l'on craignît de déshonorer le prince, en apprenant au public qu'il avait fait un mauvais choix.

A la Chine, la Gazette Impériale annonce à tout l'Empire la déposition des Mandarins qui gouvernent les villes ou les provinces : *Celui-ci a perdu sa place pour avoir été négligent dans l'expédition des affaires ; celui-là, pour avoir ignoré les lois et les usages ; cet autre, parce qu'il a opprimé ou scandalisé le peuple.* Ainsi la Gazette, qui n'est en Europe que l'amusement des oisifs, se tourne, à la Chine, en gardienne des mœurs, en ressort du Gouvernement.

Ainsi, dans ce petit nombre de nations qui servent d'exemple à la terre, on voit le Gouvernement, la punition dans une main, la récompense dans l'autre, toujours en action sur toutes les classes de la société. On voit, d'un côté, des privations, des dégradations, des flétrissures, des peines de toutes les sortes ; et de l'autre, des présens de la fortune, des distinctions dans le public, des préséances, des titres, des couronnes, des statues. On voit fuir les vices à l'approche de la punition, et les vertus arriver avec la récompense.

Il faut donc que la punition et la récompense aillent constamment chercher le vice et la vertu pour en faire justice. C'est cette recherche équitable , constante et suivie, qui fait le point de la difficulté.

Ce qui rendit l'homme méchant, ce qui produisit principalement notre révolution, c'est le scandale universel, sous nos derniers rois, de l'inutilité de la vertu, et de la prospérité du vice. Sous un Gouvernement réparateur, juste et fort, l'homme doit être (et il l'est déjà) rappelé à sa bonté naturelle par la punition de l'un, et la récompense de l'autre. Le plus grand des hommes ne peut borner sa gloire à sauver la France; il veut l'asseoir sur un fondement impérissable, en rétablissant la morale par la crainte et l'espérance. Ce n'est pas assez pour lui de donner des Codes à l'Europe, il veut lui donner des mœurs : des mœurs, avec lesquelles on pourrait se passer des lois, et sans lesquelles les meilleures lois seraient pourtant inutiles.

Ce système de *récompense* et de *punition* s'est présenté à tous ceux qui ont voulu donner des mœurs aux peuples : l'égalité même, tant vantée par les républiques comme une source de vertus; cette égalité que nous, sur-tout, savons aujourd'hui n'être qu'une belle chimère, ne le vaudrait pas. Il n'y a qu'une bonne égalité, dit l'orateur *Isocrate* : ce n'est pas celle qui fait part des mêmes avantages à tous les citoyens, sans mettre de différence entre les méchans et les gens de bien ; mais celle qui récompense et punit chacun selon son mérite.

Je ne dis pas qu'il fallût précisément introduire parmi nous les institutions que je viens de parcourir, et dont la plupart ne pourraient peut-être pas nous convenir ; mais les yeux de l'Empereur sont trop perçans, son génie trop vaste, pour qu'il ne puisse trouver des moyens encore plus efficaces pour l'exercice de la censure. Je remplis ma tâche en rapportant des exemples qui démontrent la possibilité de l'exécution. Les combinaisons ultérieures appartiennent à des hommes qui sauront les mesurer avec le grand caractère que Napoléon a su imprimer à la première des nations.

Mais, à ne considérer l'institution que sommairement, il est clair que les mêmes choses qui serviraient à récompenser la magistrature, serviraient à la punir. Les pensions, les grades honorifiques, les places, les Ordres de décoration, les honneurs ; tous ces avantages qui ne doivent être accordés qu'au mérite, ne doivent pas rester au démérite. L'espérance de les obtenir aura fait marcher le magistrat à la vertu ; la crainte de les perdre le soutiendra, au besoin, dans la carrière (1). Plus il sera

---

(1) « Par l'honneur..... Il se trouve que chacun va au

sensible à l'honneur, plus la censure aura de pouvoir, et lui donnera même les idées justes du véritable honneur.

Elle lui apprendra, par exemple (car dans un premier travail sur cette matière, (1) j'ai relevé tant d'abus, j'ai indiqué tant de moyens d'y remédier, qu'il ne m'est plus permis de me répéter.) ; elle lui apprendra, dis-je, que c'est se couvrir du mépris public que de cumuler, par l'appât d'un gain sordide, les fonctions d'avocat avec celles de juge ; mais que c'est déshonorer la magistrature, et vendre réellement la justice, lorsque l'on ose donner son opinion dans les affaires même où l'on a consulté.

Et quand même le magistrat consultant n'en

» bien commun, croyant aller à ses intérêts particu-
» liers. » MONTESQ.

(1) *Analyse du projet de Code criminel*, présenté en l'an XII, par la commission nommée par le Gouvernement, *contenant des vues sur la réorganisation des Cours criminelles et civiles, avec ou sans jurés.* — Cet ouvrage, que le Gouvernement a fait imprimer dans le Recueil des observations des Cours, pour être distribué au Corps-Législatif et au Conseil-d'État, lors de la discussion qui aura lieu du projet de Code et de réorganisation, se trouve séparément chez Rondonneau, libraire, rue S. Honoré, hôtel de Boulogne. Un vol. in-8°, broché. Prix : 1 fr., et 1 fr. 50 c. par la poste.

serait jamais venu à ce dernier degré d'avilis-
sement, la censure, qui lui apprendrait encore
que le seul soupçon d'avidité suffit pour lui faire
perdre la confiance des justiciables; la censure,
dis-je, plus efficace que de vaines inhibitions
ministérielles, qu'on sait toujours éluder impu-
nément, serait sans doute assez puissante pour
le fortifier contre les séductions de l'intérêt pécu-
niaire, par la crainte de la privation de son
état, ou des distinctions acquises. Le magistrat
ne serait plus consultant, pas même dans les
affaires dont il n'aurait pas à prendre connaissance comme juge.

La censure avertirait le magistrat d'une autre
classe, que c'est trafiquer de son ministère,
non-seulement lorsqu'il se livre à des adoucis-
semens, à des rigueurs arbitraires, mais encore
lorsqu'il ralentit ou précipite, au gré de la
faveur ou de l'intérêt, l'action de la justice ;
lorsque non-seulement il usurpe le droit sacré
de faire grace, par son inaction, lorsqu'il de-
vrait agir, mais encore lorsqu'il autorise, d'une
manière quelconque, ses subordonnés à trafiquer de leurs fonctions, ou, ce qui est à-peu-
près le même, lorsqu'il ne sévit pas contre
eux dès qu'il lui est connu qu'ils en ont trafi-
qué; lors sur-tout que, chargé de sévir, il se
tait; ce qui, par un véritable scandale, achève

de pervertir celui auquel il restait encore le frein de la pudeur, et donne l'exemple et l'envie de la prévarication à celui qui jusqu'alors était demeuré pur.

La censure leur apprendrait à tous qu'ils ne sont que les *ministres*, et non les *maîtres* de la justice.

La censure, l'examen public, la responsabilité, par la compagnie entière, des mœurs et du savoir du candidat présenté, seraient donc, pour la pureté de la magistrature, des cautions bien plus solides que l'ancienne vénalité des offices, et qu'une épreuve de cinq, et même de dix ans, puisqu'après cette épreuve (qui découragera peut-être l'homme vertueux et timide), le souverain, ne pouvant juger que sur le rapport d'autrui, courra le danger attaché à la faiblesse de la nature humaine, d'être circonvenu, ou par la faveur et l'intrigue, qui s'agiteront avec une subtilité proportionnée à la finesse des précautions qu'il aura prises pour les écarter; ou par la lâcheté et la complaisance, qui, alors comme aujourd'hui, auront été muselées; ou peut-être encore par la haine, souvent injuste, ou par l'ineptie et l'immoralité. Car alors, comme aujourd'hui peut-être, l'ineptie et l'immoralité, abusant de la confiance du monarque pour la tourner contre ses propres intérêts, ne craindront pas de lui proposer l'exclusion de l'homme qui n'aura que des lumières et des mœurs, toujours jalousées par celui qui n'en a point.

, La censure romaine, sévère pour la noblesse, n'épargnait pas le peuple. Parmi ces plébéiens divisés par tribus, s'il s'en trouvait qui, par leur débauche ou leur paresse, tombaient dans l'indigence, elle les réduisait dans une classe inférieure, les privait du droit de suffrage, qui leur était si précieux, ou leur infligeait d'autres peines, selon l'exigence des cas. Les conjonctures les plus désespérées, où l'on se croit obligé de flatter le vice, parce qu'on a besoin de tout, loin de ralentir l'activité de la censure, lui donnait plus de ressort. *Annibal* était aux portes de Rome : jamais la censure ne fut plus redoutable, parce qu'il n'y avait que le comble de la vertu qui pût soutenir Rome au comble du malheur.

Il ne serait pas difficile, avec un ordre de censure, d'imaginer des châtimens convenables à toutes les conditions et à tous les Gouvernemens. La *honte*, ce ressort si précieux, s'il était bien ménagé, en fournirait un grand nombre. Qui ne sait pas que le philosophe législateur *Charondas*, en rassemblant les restes impurs de *Sybaris*, pour en faire d'honnêtes gens, faisait promener, dans sa nouvelle ville, les calomniateurs couronnés de bruyère, et les déserteurs, aussi bien que les lâches, en habit de femme : ignominie à laquelle la plupart ne purent survivre, et qu'on redouta plus que la mort ? Les bourreaux n'auraient pu produire sur les mœurs un si bon effet.

Combien d'autres peines qui naîtraient des biens mêmes que toutes les conditions trouvent dans l'Etat ! Toutes les places amovibles portent avec elles la crainte de les perdre. Toutes les charges ont des prérogatives dont on pourrait priver celui qui exerce mal, s'il n'est pas encore assez coupable pour être dépouillé. Un galon retranché de la toque ou de l'habit du magistrat, serait, pour la plupart, une punition plus accablante que la destitution.

Les hommes à charge à eux-mêmes par leur oisiveté, les rentiers, qui ne font que consommer sans rien produire, sans rendre aucun service à l'Etat, pourraient être taxés à de plus fortes contributions. — Les commerçans, les artisans d'une conduite déréglée, seraient soumis à des peines pécuniaires, qui tourneraient au profit de ceux qui commenceraient leur établissement dans les mêmes classes. La populace, qui n'a que son corps pour répondre de ses actions, serait châtiée par le corps. Un voyageur a écrit que le *bâton* gouverne la Chine ; et cela est vrai pour la canaille.

La marche de la censure et celle de la loi diffèrent considérablement. La loi, en punissant les crimes, les voit toujours du même œil et les perce du même glaive, sans pouvoir toujours exactement observer les gradations dans les supplices, comme il y en a dans les crimes. La censure, en poursuivant les vices, se plie adroitement au lieu, au temps, aux circonstances, aux passions des méchans qu'elle veut corriger. On est étonné, on est presque révolté quand on lit la condamnation de l'enfant d'Athènes, qui crevait les yeux à des cailles ; et celle de *l'aréopagite* qui tua un moineau réfugié dans son sein pour éviter l'épervier. La loi n'avait rien à dire ; mais les gardiens des mœurs prévoyaient que cette inclination sanguinaire pourrait un jour devenir funeste aux citoyens.

La loi ne sait que punir. La censure présenterait au Gouvernement ceux qu'il faut récompenser ; et les récompenses peuvent se varier à l'infini comme les châtimens. La Grèce et l'Italie, avec des couronnes d'ache, de chêne, de laurier, d'or ; avec des préséances au théâtre, des tableaux, des statues, des ovations, des triomphes, des distributions d'argent, de blé, de terres, formaient un bon peuple et des héros.

La Chine, aujourd'hui, avec des écharpes de toute couleur, des figures d'oiseau attachées au bonnet, dés titres d'honneur qu'on affiche à la maison de celui qui les a mérités, et des honneurs funéraires, fait germer les vertus morales et les talens.

Mais qu'ai-je besoin d'exemples étrangers? Depuis que Napoléon a retiré la France du tombeau, ne prouve-t-il pas chaque jour, qu'autant il est au-dessus de tous les genres de gloire, autant il est fidèle à encourager tous les genres de mérite! N'est-ce pas lui qui récompense avec un éclat inconnu jusqu'à lui, tous les inventeurs de choses utiles; qui ouvre à tous les citoyens indistinctement la porte des grands titres, des grandes places; qui multiplie les exemples des parvenus, afin d'échauffer tous les cœurs; qui consacre des monumens à tous les grands hommes qu'il a formés; qui a promis, enfin, *que le travail et la bonne conduite mèneraient à tout ?* — N'est-ce pas Napoléon qui, le premier, a su enflammer le courage, et répandre, par ses institutions et ses bienfaits, la flamme électrique de l'émulation jusque dans les ames des élèves à peine sortis de l'enfance?

Mais il ne suffit pas qu'aux armées son regard seul puisse faire des héros : *L'éclat des triomphes,*

phes, a-t-on dit, *ne constitue pas seul le bonheur d'une nation.* Les Etats ont autant et plus besoin des vertus civiles et morales, que des vertus guerrières; et s'il est vrai que, même sans les premières, il n'y a jamais eu et il n'y aura jamais de grands hommes, n'attendons le bien complet que de la censure, et espérons encore que Napoléon ne laissera point son ouvrage imparfait.

L'oracle moderne des législateurs à venir a reconnu, dans *l'Esprit des Lois,* l'importance et la force de la censure : il dit que « ce ne sont » pas seulement les crimes qui détruisent la » vertu, mais encore les négligences, les fautes, » une certaine tiédeur dans l'amour de la pa- » trie, des exemples dangereux; des semences » de corruption; que tout cela doit être corrigé » par les censeurs; que la plus importante de » toutes les lois, ce sont les mœurs; que plus » d'Etats ont péri parce qu'on avait violé les » mœurs, que parce qu'on avait violé les lois; » qu'il faut empêcher les vices de se tourner » en crimes; qu'il est bien plus beau de pré- » venir les forfaits que de les punir, et que c'est » le devoir de la censure. » Il ajoute, « qu'à » Sparte les éphores savaient mortifier les fai- » blesses des rois, celles des grands et celles

» du peuple ; que l'Aréopage d'Athènes était
» soumis lui-même à la censure ; qu'à Rome,
» sous les Empereurs, on fit beaucoup de nou-
» velles lois dont la république n'avait pas
» besoin, parce que les censeurs corrigeaient
» les désordres aussitôt qu'ils naissaient. »

Cependant, après cet hommage rendu à la
censure, il décide que « dans les monarchies
» il ne faut point de censeurs. » La raison qu'il
en donne, c'est « qu'elles sont fondées sur
» *l'honneur*, et que la nature de l'honneur est
» d'avoir pour censeur tout l'Univers. »

On ose à peine combattre le sentiment d'un
tel homme ; mais lui-même ne jurait sur la
parole de personne, et il savait que l'examen
conduit à la vérité.

L'Univers est un censeur bien commode : il
laisse (nous en avons eu l'expérience de plusieurs siècles), il laisse les méchans dans les
places, dans les charges, dans les honneurs,
dans l'illustration. S'il les méprise en secret, il
les honore en public ; et dans les mêmes cercles
où il vient de les flétrir absens, il les accueille
présens, il les fête, il les flatte. Ainsi, bercés
par l'adulation générale, n'entendant jamais
les bruits qui courent, et jouissant paisible-
ment de tout, comment les hommes corrom-

pus ne s'endormiraient-ils pas dans le vice?
La censure porterait le trouble dans leur ame,
et les éveillerait pour la vertu.

Ne vouloir d'autre censeur dans la monarchie que l'*honneur*, n'est-ce point trop compter
sur la perfection de la nature humaine? Il n'a
pas suffi à des peuples qui lui élevaient des
autels. Il y avait certainement de l'honneur
chez les Romains, lorsqu'ils renvoyèrent à
Pyrrhus son traître médecin; lorsqu'après la
désastreuse bataille de Cannes, ils refusaient
de racheter des prisonniers qui s'étaient mal
défendus, ne permettant pas aux femmes
mêmes de verser des larmes; lorsqu'ils ai-
maient mieux commander à l'or que d'en rece-
voir; lorsqu'ils croyaient laisser de grands
biens à leurs enfans s'ils leur laissaient l'estime
publique; lorsqu'ils ne voulaient signer aucun
traité de paix que vainqueurs; lorsqu'une mort
glorieuse leur paraissait préférable à une vie
obscure; lorsque tous les ordres faisaient de si
grands sacrifices à la grandeur du nom Romain; et c'est justement dans ce temps-là, au
temps de l'*honneur*, que la censure déployait
toute sa rigueur.

Le même auteur, après avoir confiné la censure dans les limites des républiques, ajoute
pourtant que *l'exemple de la Chine semble dé-*

roger à cette règle. Il y déroge en effet ; et c'est sans doute pour l'instruction des autres monarchies. Sujets des monarques, quel que soit votre rang, craignez-vous la censure ? Plus vous la craignez, plus vous en avez besoin.

A Rome, les méchans avaient conspiré contre elle au temps du vieux *Caton* ; languissante, elle se soutenait encore. Les *Verrès*, les *Antoine*, les *Catilina*, les *proscriptions*, lui portèrent les derniers coups : elle expira avec les mœurs et la république. *Auguste*, devenu le plus grand monarque de la terre, la rétablit. Il sentait donc que les grands biens qu'elle avait faits dans la république, elle pourrait les renouveler dans la monarchie. Mais ses successeurs, un *Tibère* qui haïssait tous les gens de bien, un *Claude* imbécille, un *Néron*, un *Caligula*, monstres de débauche et de cruauté, n'étaient pas faits pour soutenir un tribunal qui poursuivait le vice, et ne couronnait que la vertu.

Rassemblons maintenant toutes les pièces du plan que je présente. Ce plan, qui remettrait en vigueur *l'éducation morale, les deux autorités primitives de père et de mari ;* qui établirait une *censure civile* pour donner des mœurs aux chefs de famille, à toutes les classes de citoyens et de magistrats ; ce plan, qui distribuerait une grande nation, trop grande pour être gouvernée en masse; qui la détaillerait en petites fractions, toutes sous les yeux de la censure, toutes rapprochées par elle du Gouvernement; ce plan, où l'on verrait le vice méprisé et malheureux; la vertu, au contraire, honorée et heureuse; ce plan d'une nation bien organisée peut mériter quelqu'attention.

Si je proposais une institution toute nouvelle, inouie, il ne faudrait pas la rejeter sans examen. *Colomb* fut enfin écouté sur la découverte d'un nouveau monde. Mais cette institution a eu les plus grands succès chez les nations qui ont voulu avoir des mœurs; et la restauration des mœurs, que la licence révolutionnaire a presque anéanties, sera le monument le plus glorieux, le plus impérissable du sauveur de la patrie.

Ce plan, rédigé à la hâte, que j'ai cherché dans l'histoire, est peut-être mal démêlé, mal développé. Des savans qui s'occuperaient à le mettre dans un beau jour, mériteraient bien plus du genre humain, qu'en traçant la route des comètes, ou en ajoutant quelques étoiles au nombre trouvé. Mais qu'on se souvienne que si l'on ne part des deux points donnés, la *punition* et la *récompense*, on manquera l'objet.

Le point de la difficulté consiste à diviser, à combiner tellement la multitude, que ces deux ressorts frappent juste, avec facilité et promptitude.

Il est nécessaire d'ôter aux hommes, aux magistrats sur-tout, le pouvoir, l'envie d'être méchans : tous cesseront de l'être, quand ils trouveront le malheur dans le vice, et le bonheur dans la vertu.

Maîtres et pères des peuples, si les peuples n'ont pas des mœurs, vous ne régnerez ni sûrement, ni heureusement, ni glorieusement! Les poètes, les historiens, les philosophes, les moralistes, les prédicateurs, ne leur en donneront pas. Quelques princes y ont réussi. Le Gouvernement seul est capable de ce prodige. On vous nomme les images de Dieu. Il vous abandonne le gouvernement de ce monde; mais, dans l'autre, il est rémunérateur et vengeur. Soyez l'un et l'autre dans celui-ci. Napoléon vous en donne l'auguste exemple!

Je suis homme, je puis me tromper; mais l'épuration prescrite par le sénatus-consulte étant terminée, je crois que la mesure de présentation et d'examen des candidats que j'ai proposée, est la seule qui puisse ensuite prémunir efficacement contre le retour des abus et du scandale.

Je n'ai qu'un mot à dire sur la recomposition des tribunaux.

Et d'abord, quel que soit le nom qu'il plaise au souverain de donner à ses nouvelles cours, elles ne seront et ne pourront jamais être ce que furent les parlemens. Ce n'est pas la dénomination insignifiante de *parlement*, mais l'autorité, ou plutôt *l'extension de l'autorité* qui fut funeste au monarque et aux justiciables : au monarque, tantôt faible et incertain dans ses vues, tantôt livré à l'ineptie des ministres, ou entouré de piéges et de passions ; aux justiciables, qui, parce que l'Etat manquait de constitution, de fixité et de séparation dans les pouvoirs, n'avoient aucune barrière suffisante contre l'arbitraire et l'oppression ; et la possibilité de ces abus n'existe plus.

Un autre leur a succédé : c'est *l'institution des jurés*, telle qu'on nous l'a donnée ; car jamais nous n'avons eu de véritable jury. — Je l'ai démontré dans l'ouvrage déjà cité contre le projet de Code de la commission nommée par le Gouvernement.

Ce projet, qui a été pulvérisé comme il devait l'être, maintenait le jury avec des amendemens ; mais aux preuves trop multipliées qu'on avait déjà acquises sur l'incompatibilité du jury, et avec le caractère national, et avec notre situation actuelle, l'expérience, prolongée jusqu'à ce jour, a démontré toujours plus la nécessité de le proscrire absolument, puisqu'on ne peut l'adopter en la forme essentielle qui lui est propre.

Il ne faut donc ni *parlemens tels qu'ils étaient*, ni *jurés*.

Mais on peut, on doit prendre de ces institutions ce qu'elles avaient de bon, et, s'il est possible, amalgamer ce *bon* pour régler la nouvelle composition.

Dans le même ouvrage j'ai dit (1) ce que devaient être les nouvelles cours, et les moyens simples et faciles que le souverain pouvait prendre pour les surveiller. A ces moyens il faut ajouter, sur-tout, celui de la *responsabilité des nullités* qui minent le trésor public. C'était une des mesures sages de l'ancien régime: que celui qui la redoutera se retire; l'Etat et le peuple y gagneront plus que lui. (2)

La publicité de l'instruction criminelle doit être conservée : une seule cour pour le civil et pour le criminel par chaque grande division de l'Empire ; chaque cour divisée en sections de dix juges, dont l'une, au lieu d'être tournaire par sémestres, le serait à chaque affaire criminelle, par la voie du sort, qui désignerait

---

(1) *Voyez*, entr'autres, pag. 109 et suivantes.
(2) *Voyez* ibid., pag. 66 et suivantes.

les juges, par un tirage public, immédiatement
avant l'ouverture des débats. Les juges ne pourraient dès-lors communiquer avec l'extérieur
qu'après l'arrêt prononcé. (Qu'on ne s'effraie
pas de cette contrainte : on va voir qu'elle
n'aura rien de trop pénible.) — Et on sent
assez que cette mesure, qui transporterait aux
cours l'ame même de l'institution du véritable
jury, ne pourrait nuire ni à l'accusé, ni au
souverain, puisqu'elle ôterait d'avance tout
espoir à l'intrigue, aux sollicitations, à la corruption. Eh! le moyen de solliciter ou de ten-
ter de corrompre, lorsque personne ne pourrait connaître, avant l'instant des débats, les
juges de l'accusé! .

Le seul inconvénient qui se présenterait contre l'ordre du service au civil, serait dans les
affaires sujettes à rapport. — Un rapporteur
tout prêt, dira-t-on, ne fera jamais son rapport, puisque le sort pourra, à chaque instant, l'appeler à l'audience criminelle.

Erreur. — Les affaires criminelles sont en
bien moindre nombre que les causes civiles;
et on peut affecter aux rapports civils la quin-
zaine de chaque mois où il n'y aura pas d'audience criminelle.

Ensuite, à chaque section, seront adjoints
deux commissaires-rapporteurs, exclusivement

chargés des rapports, sans voix délibérative;
et ceux-là ne seront jamais de service pour
les affaires au grand criminel, où il n'y a que
des débats dont le président est seul rappor-
teur-né.

Au reste, pour éviter l'énormité des frais de
transport des témoins, principal obstacle de la
réunion des cours, les juges de première ins-
tance jugeraient toutes les affaires, même du
grand criminel, en audience publique, les témoins présens; mais à la charge de l'appel, qui
serait de rigueur dans tous les cas déterminés
par la loi. — Procès-verbal serait dressé de
tout ce qui se serait passé à ces premiers débats;
et dans les cours d'appel, l'accusé et le ministère public auraient respectivement la liberté
de faire comparaître, en tout ou en partie, les
témoins déjà entendus lors du premier juge-
ment, ou des témoins nouveaux, tant à charge
qu'à décharge.

On conçoit qu'il y aurait rarement lieu de
faire-réentendre *tous les témoins*; ce qui abré-
gerait infiniment la longueur des séances de la
section criminelle d'appel, et, par conséquent,
allégerait beaucoup *la privation* imposée aux
juges *de communiquer au-dehors depuis l'instant
de l'ouverture des débats.*

Comme cette procédure est particulièrement

développée dans mon ouvrage de l'an XII, je
crois pouvoir me dispenser ici de plus longs
détails. Cet aperçu doit suffire pour quiconque
sera en état de l'entendre.